마부

실천문학시인선 020

마부

2017년 9월 15일 1판 1쇄 인쇄
2017년 9월 15일 1판 1쇄 펴냄

지은이 정원도
펴낸이 정소성
영업·관리 이승순, 박민지
편집 이연희
디자인 윤려하

펴낸곳 (주)실천문학
등록 10-1221호(1995.10.26)
주소 서울특별시 성북구 보문로 82-3, 801호(보문동 4가, 통광빌딩)
전화 322-2161~5
팩스 322-2166
홈페이지 www.silcheon.com

ISBN 978-89-392-3013-2 03810

이 도서의 국립중앙도서관 출판시도서목록(CIP)은 e-CIP홈페이지(http://www.nl.go.kr/ecip)와 국가자료공동목록시스템(http://www.nl.go.kr/kolisnet)에서 이용하실 수 있습니다.
(CIP제어번호:CIP2017)

실천문학 시인선 020

마부

정원도 시집

실천문학사

차례

제1부

제2부

제3부

제4부

제1부

마부의 길

서시

팔공산과 초래봉 이마가 굽어보는
너른들 끝머리에 금호강이 맞닿아 느릿느릿
돌아드는 곳

왕건이 견훤과의 팔공산전투에서 죽을 뻔했던 궁지에서 신숭겸이 왕건의 옷으로 바꿔 입고 적진으로 돌격하는 위장술로 장렬히 전사한 덕에 겨우 목숨 건지고 달아나 처음으로 안심해 마을이름이 안심이 된 곳

그 오두막 뒤란에서 바라보던 달이
얼마나 처절하게 아름다웠으면
반야월이라 불렀을까?

역이 생기면서
새 동네로 들어선 옛 뽕밭자리 언덕

방앗간 집 옆

마당 한 가운데 집채만 한 바위가 있어 바우집*
그 앞집이 태바우집
태바우는 큰 바위라는 말
한자로는 태암太巖
말소리로는 태바우가 태방으로 들려
'태방'이 되었고

태방은 어려서 보리밥을 전혀 못 먹어
큰어머니 새댁 시절에
시어머니가 시키는 대로 시동생 밥을
가마솥 귀퉁이에 쌀만 넣은 삼베주머니를 따로 안쳐 밥해 대었다 해서
별호가 이밥재이**

---

* 바윗집의 경상도 사투리.

** 이밥쟁이. 이밥은 입쌀밥을 말하는데, 보리밥을 못 먹는 데서 지어진 별호.

이밥재이 태방은 상처喪妻를 하면서
달빛 이슥한 사과궤짝을 실어 나르는
반야월 마부가 되었다

마부의 길

금호강물도 잠에 빠진 이른 새벽
젊은 마부들 떼 지어
말안장을 채우고 구유를 챙기면

내딛는 말발굽 소리들이
곤히 잠든 신작로를 깨웠다

동터오는 반야월역*
인적 없는 적막을 딛고
긴 그림자 끌며 이랴! 서둘러 고삐를 낚아채면
힝힝대는 말울음과 경쾌한 말발굽 소리가
윤슬처럼 강물 위로 여울졌다

* 지금은 대구시 동구 소재이나 당시는 경산군 안심면에 소재하던 역.

말고삐 함께 끌어주며

밤늦도록 동리 과수원을 돌며
잠 설쳐 무겁직한 머리 새벽 찬 바람에 헹구며
팔공산 돌아온 금호강물에
긴 그림자 비추며

낡은 마차의 삐걱대는 소리와
말발굽 소리 번갈아 뒤뚱거리며
가쁜 숨 몰아 오르던 큰고개*

어둔 새벽에도 날뛰던
들치기들의 습격을 염려하는 선두꾼
말 호리는 소리에 서툰 노래자락에
정든 길 서린 눈썹마다 이슬이 되어 맺혀

새벽 달빛도 말고삐 함께 끌어주며

---

*대구시 신암동 소재의 고개 이름.

타령조의 거친 고개 억척으로 넘고 넘었다

개장開場

우여곡절 험한 고개 넘어
청과靑果들이 밀어 닥치고
짐을 부리는 패들의
이슬 젖은 고함 소리

가벼워질수록 기氣가 오른 조랑말들이
쉴 새 없이 푸덕거리고
성급히 금*을 던지는 거간꾼들의
입빠른 숙덕거림이 난무하면

개장開場을 선포하듯 유유히 떠오른 해가
밤새 가로등 불빛을 다 삼킬 즈음
푹푹 거꾸러지는 허리를 끌며 찾아들던 단골집

막걸리 한 잔에 다급히 목을 축이고

---

* 시세나 흥정에 의하여 결정되는 물건의 값.

이 빠진 사발에 뜨끈한 따로국밥으로
허기진 속 다 메우고 나면
돌아오는 신작로 말발굽 소리마저 태평했다

짐 부린 마차마다
여물 씹는 말들의 입에서 연신 뿜어져 나오는
더운 김들이 부산하게 허공으로 피어올랐다

요령소리

오락가락 음담패설에 신바람 난 뜬소문
노름판 일 년 품삯으로
쌀 여섯 가마 다 날리고도 호되게 껄껄 거리며
양조장 막걸리 배달꾼이 되었다는
머슴 장씨 얘기에

열아홉 잔 뼈 으스러지도록 식모살이에
어쩌다 눈 맞은 사내와 줄행랑쳤다가
끝내는 쇠전 뒷골목
술파는 작부가 되었다는 해묵은 사연

이야기가 무르익어 신명이 되는 날들은
해가 중천이 되어서야 피곤을 털고 일어서는 마부들
그런 날은 조랑말도 소문을 알아듣는지
긴 말총 흔들어대며 요령소리조차 신이 났다

장제사裝蹄師* 아들

일제 강점기 시절 반야월엔 거대한 과수원이 생겨났고
역전 부근엔 사과를 운송하던 마차들이 늘어나
말들의 편자**를 갈아주는 장제사집까지 생겼다

그 집은 날마다 허름한
마차 정비와 편자 갈아주기에 바빴다

말발굽소리도 힘차게
기마騎馬 내닫는 소리가 들리면 그 장제사집 아들이
한적한 신작로 말을 달리는 중이었고

무더운 여름날 해거름을
까맣게 탄 벌거숭이로
죽은 듯이 강물에 둥둥 떠내려가다 보면

---

*말에 편자를 박는 일을 전문으로 하는 사람.
**말발굽을 보호하기 위해 덧대어 붙이는 쇳조각.

어디를 그렇게 쏜살같이 다녀오는 것인지
땀에 얼룩진 갈기 휘날리는 말을 물가에 세워두고
헐떡이는 목을 축이거나 멱을 감기고 있었다

편자 교체

아스팔트도 녹아내리는 한여름 오후가 되면
희멀건 거품 내 뿜으며 다그닥! 다그닥!
말발굽 소리마저 지쳐

편자 갈아줄 틈도 없이 바쁜 길 재촉하다가
말발굽 닳은 탓에 성난 말 절룩거리면
젖은 등 쓸어주며 발굽 꺾어 올려보고
편자를 교체해 주러 간다

장제사 익숙한 솜씨로 편자 덧댄 못 뽑아내고
비뚤어진 말발굽은 밀칼로 깎아내어
벌겋게 달구어진 편자 발굽 크기에 맞추어
망치로 뚱따당 땅땅! 다시 재단하면
기겁하는 말울음이 차라리 적요했다

허벅지에 덧댄 고무판 위로 말발굽 구부려 올려놓고
덜 식은 편자 발굽에 박을 때마다

놀란 말들 힝힝대며
커다란 눈망울이 다 젖고

김 서린 연기 희뿌여니 날리면
발굽 타는 냄새가 사방에 등천登天
고삐를 묶어두었던 나무기둥마다
마부들의 손때가 요란하게 살아 번들거렸다

말발굽과 말똥

편자수선 집은 늘 말발굽 타는 냄새와
깎아낸 굽 쪼가리와
놀란 말들이 싸질러놓은 말똥으로 넘쳐났다

저걸 어떻게 다 처치하나 싶었는데
난데없이 나타난 늙수그레한 자들이 다 가져갔다

때로는 눈치 보며 기다리기도 했다가
발굽은 푹 고은 후 갈아 가루를 내어 쓴다며
비만 오면 무릎 아픈 노인들이 약으로 가져가고

길거리마다 싸질러놓은 말똥은
오두막집 벽체 보수나
가마솥 불쏘시개로 주워갔다

사별

아들 하나 보기 위해
막무가내 이어온 것이 딸 셋
백일 불공 오만 지성에 원하던 아들 하나 낳고
살기 바쁜 통에 산후 조리고 뭐고
이틀 만에 들일 다니고
온 몸이 퉁퉁 부어도 병원 하나 없던 때

대책 없이 어린 사남매 두고 떠난
지어미 묻고 돌아온 날
그제야 변통 없이 무정한 당신을 탓했다

퍼질러 누운 멍석대기에
함께 퍼질러 누워
막걸리 냄새 찌든 품에 어린 아들 재우다가
멍하니 바라보던 뜬구름도 자취를 감춘 밤

장독대 채송화도 납작하니 숨은 오두막

뒤안에 홀로 남은 감나무만
인기척도 없이 묵묵부답이다

굴뚝 연기

학교는 다니는 둥 마는 둥
힘깨나 쓸 만하면
남아들은 막일이나 배우러 도회로 나가고
여아들은 공장이나 남의 집 식모로 떠났다

들에 밥이나 이고 나르며
머슴들 틈에 끼어
바쁠 때는 나락 베기 타작 일까지
주워들은 풍월로 구성진 가락에 눈물겨웠다

자식 크는 줄도 모르고 일 돌다가
어둠 깊어 집에 들어서기만 하면
꼬지지한 아이들만 어수선하게 잠든 방
궁색한 굴뚝은 연기 피워 올릴 겨를도 없이
소작 보리 소출 걱정에 묵은 마차 바꿀 걱정에
고삐 묶인 조랑말들도 피곤에 지쳤다

늦은 하현달마저 잠 못 드는 야음夜陰을
허겁지겁 다 먹어치웠다

아버지의 말馬

그때 아버지의 말은
누구보다 우리 집 형편을 잘 알아서
과로에 몸살 난 몸으로도 억척으로 일했다

새벽길 나서던 아버지 시름 떨치는 콧노래에도
긴 말총, 엉덩이 실룩 잘도 장단 맞추며
마차가 삐걱거리도록 과적을 하여도
묵묵히 투정하나 없이 넘던 고개

새벽녘 별빛과
말의 눈매와 아버지의 눈시울은
서글서글하니 한 식구처럼 닮아서
아버지 재촉하던 말발굽 자국이
화인火印처럼 날아와 박혔다

아버지 몸살이라도 날라 치거나
엄살이라도 앓아누우면

어머니 대리 마부가 되어 새벽마차를 몰았다

대리 마부

사과 궤짝 한 바리 넘치도록 마차에 실어놓고
어쩌다가 마부들끼리 막걸리 추렴이 있던 날은
몸살로 몸져누운 아버지 대신
어머니가 대리 마부가 되어 새벽길을 나섰다

깜깜한 신작로 거친 마부들의 행렬에 끼어
얼어붙는 말발굽 마른 채찍으로 재촉하면
청과물 시장 머나먼 길도 연약한 여자 힘을 아는지
시린 별들도 다투어 내려와
대신 끌어주었다

과적에 내몰린 조랑말도 진땀 쏟아 푸득대며
말 잔등 식히느라
연신 긴 말총으로 바람을 일으키면
안쓰러운 달빛마저 저 먼저
갈기마다 쓸어주었고

은장도 같은 그믐달도

억척스런 채찍이 되어 가던 길을 재촉했다

사라진 궤짝

염치도 없이 부려먹어
부쩍 노쇠기가 든 말이 마침내
큰고개 넘다가 거꾸러지고야 말아

아양교* 건너 고비 길에 들어서자마자
시꺼먼 왕눈깔 껌벅거리며 푸드덕 푸덕**
꺾인 무릎 버둥대는 통에
달려온 마부들끼리 떠받치다시피 오른 고개

북새통에 앞서 세워 둔 마차에
덮개를 찢고 감쪽같이
능금 궤짝을 빼돌린 들치기 소동에 아버지는
그들이 사라진 언덕배기로 욕바가지를 퍼부었다

---

* 대구시 동구에 소재한 금호강 다리의 이름.
** 말이 힘에 겨워 내지르는 소리

그런 날은 아무도 타령조를 흥얼거리지 않았고
도난당한 능금 값 변상을 위해
막걸리 한 잔도 없이 빈속으로 돌아오는 길
쓸데없는 채찍질만 허공에 휘둘렀다

냅다 그 날로 말을 갈아 치워
한참이나 웃돈을 얹고서야 새 말을 끌고 오던 밤은
마구간 옆 빈 마차에 거나한 취기로 걸터앉아
오동추야 달이~* 밝기만 했다

---

* 오동동 타령의 노랫말.

말길들이기

소작을 부친다거나 마차를 끄는 일은
그들의 천직이라
녹슨 양철 대문이 사납게
바람 불 적마다 울어대던 골목

해거름 산들바람도 숨죽이고 지켜보는데
두 팔 크게 허공으로 채찍을 날리며
찾는 이 없는 겨울 강변 말 길들이러 간다

천방지축 나라님은 청포장수*가 길들이듯
버둥대는 야생마에 재갈을 물리고
마차를 채우고
빈 마차 짐 늘려가며 함께 버둥대기 몇 시각

그 사납던 놈이 언제 그랬냐 싶게도

---

* 동학의 전봉준을 이르는 말.

고삐 내려치면 치는 대로
더 실은 짐짝에도 고분고분
어둠 할퀴던 말발굽 소리가
금호강 휘도는 밤물결에 실려 잔잔했다

땡볕 긴 날의 식구들

먼 들 물심부름 중참을 나를 때는
타는 목 땡볕 긴 들녘이
아이들의 쓸데없는 꿈만치나
아득하고 어질해

제힘으로 밥 떠먹을 만한 식구야
모두가 상머슴이나 식모살이로 흩어져 살고
딸들은 안부조차 알 길 없었다

등뼈 으스러지도록 일 해봐야
명절 두어 번 아이들 옷가지나
조상 제삿밥 안 놓치는 억척으로
빚잔치 안하고 꾸려 사는 것만으로도 용했다

온 가족이 들일 나가고 없는
적막한 빈집에서
홀로 잠에서 깨어 두리번거리다

까맣게 그을린 부엌 아궁이 앞에 퍼질러 앉으면
대낮의 공포가 무턱대고 울어댔다

쾌지나칭칭

사방사업에 새마을 하수구에
밤잠 미뤄가며 부역을 다녀도
막걸리 한 잔이면 그도 넉넉해

쌓이는 울분이야 정월 대보름
지신밟기나 쾌지나칭칭 한바탕으로
털어내면 그만

안마당 부엌 들락거리며
덩실덩실 귀신 쫓는 포수에 곱사춤에
막무가내 뒹굴어도 보다가

얻어걸린 막걸리 사발에
목 놓아 고래고래 고함도 질러보고

여보게 동무야! 자네도 한잔
젊은 아지매도 한 잔!

밤 깊도록 신명도 따라 깊어갔다

육백을 치다

마부일도 들일도 뜸한 삼동三冬 한 때에는
뜨끈뜨끈한 아랫목에 둘러 앉아
새마을 담배 개비 내기에
두부내기 육백을 쳤다

일정 때나 난리 통 얘기로
깊어가는 밤을 채근하는 것이
그들 한담의 본론이며 까닭이어서
징용 안 끌려가려고 병신 노릇했던 것이
해방이 되고도 이름이 되어
장 병신으로 불렸다는 점백이 아재 무용담

장터 배씨집 노쇠한 말이
너무 부려먹어 병이 들었는지
끝내는 주저앉아 도살당했다는 소문에
득달같이 달려가 아버지가 얻어온 말고기
어둠 까마득한 마당에 화덕이 차려지고

피 철철 떨어지는 말고기 고추장 발라 굽는
막걸리 추렴에
매캐한 담배 연기가 골방 가득 자욱했다

오만 시름이 한 바람에 녹아 내려
모처럼 마부의 채찍도
노독路毒을 풀던 밤이었다

제2부

마부의 아들

마부의 아들1

대문만 들어서면 말똥 냄새에
말구유 구정물 냄새에
빈 마차 구석에 쪼그리고 바라보면
연분홍 봉선화도 마구간 흙 담 아래
쪼그리고 앉았다

아버지 따라 강변으로 말 길들이러 나갔다가
돌아오는 어스름이 신명나면
이러다가 나도 마부가 되지 않을까?
예감되어도 좋았다

닳은 편자를 갈 때마다
말발굽 깎아내는 통증에 버둥대는
땀 젖어 미끈한 허벅지에
그 젖은 눈망울과 마주치기라도 하면
내 발바닥이 깎여 나가듯이 아팠다

편자 갈아 끼우고 신작로를 나설 때는
새신 신은 아이처럼 상쾌해진 말이
긴 말총 허공에 휘두르며
길을 앞섰다

마부의 아들2

끝없는 탱자나무 울타리마다
새하얀 탱자 꽃이 피었다 지면
누렇게 익은 탱자 향이 곱절로 하늘에 오르고
삐걱대는 마차를 채찍질하던 손에도
탱자향이 스며들어 코를 설레게 했다

하현달 뜨는 밤마다
어둑한 남폿불 아래 모여 앉은 마부들
두부내기 화투는
식민지 시절 일본군 부역을 피해 다니던 이야기나
동족상잔의 참화가
포탄껍데기마냥 시뻘겋게 널브러졌다

담배연기가 오소리 굴처럼
쿨럭이던 화투 방의 긴 밤을 건너
식구들 죄다 들일 나간
빈집을 지키다가 보았다

양수 째 쏟아진 망아지가
눈도 제대로 못 뜨면서
뒤뚱거리는 몸짓으로
비좁은 마구간을 마구 뛰어다니는 것을

그 젖은 눈방울이 마당을 휩쓸 즈음
망아지 올라타는 재미에 지친 감나무 그늘이
담을 넘던 저녁이었다

마부의 아들3

한여름 진한 담뱃내에
땀내 절은 아버지가 밤이슬 털며
사과궤짝 가득 실은 마차를 끌고 돌아왔다

삐걱대는 마차를
늦둥이 아들 옆에 태우고 채찍질하던 길
쉴 새 없이 달라붙는 파리 쫓기에 바쁘던
긴 말총 어린 뺨 따갑게 후려쳤다

새하얀 새끼 보에 싸인 채
쏟아진 망아지를
촉촉이 젖은 눈길 긴 혓바닥으로 핥아주면
기를 쓰고 뒤뚱거리며
보를 찢고 일어서던 힘

별빛이었는지 달빛이었는지
팍팍한 고개 넘던 말발굽소리에

요령소리 동무 삼아
새벽 먼 길 떠나던 아버지의 등을

어둑한 창호지문 너머로
어른거리던 잠결에 다 보았다

오두막

아직도 젖비린내
네 살 박이 어린놈은 어쩔 것이며
제 코도 간수 못하는 여식들이랑
다급한 안살림은 또 어쩔 것이냐

궁색한 살림에 줄줄이 자식이라
새벽 논길 나서는 검정고무신엔
대책 없는 흙탕물만 질펀했다

떠난 사람이야 한 번 가면 그만

오줌싸개 걸핏하면 키 덮어쓰고
앞집 소금 꾸러 가는 길이 무서웠다
기억도 없이 입고 다니던 남루에
축대 높은 오두막

벌레 먹은 감나무 마른 잎사귀들만

변고 많은 바람에 휑하니 빈 마당에 쌓여
마구간엔 늦은 밤일 돌아온 노쇠한 말이
시장기를 참지 못해 힝힝거렸다

망태기 메고 들녘으로

마부일 공치는 날에는 날품팔이 들일로
마부일 겹치는 농번기에는
말을 모는 가장 대신
아낙들이 낫을 받아 들일을 나갔다

땡볕 흙바람에 희멀겋게 뜬 얼굴
가리개 머리 수건 하고
저물도록 나락 베기 타작 일에 내몰렸다

아이들은 학교에서 돌아오는 대로
망태기 메고 들녘으로
뉘엿뉘엿 저문해가 등을 돌릴 때까지
푹푹 찌는 말꼴 냄새 몸에 매달고 돌아와

낫날에 베인 손가락은
아물기 무섭게 또 베어져
오므리기조차 힘들었다

여물 썰다가 작두날에 잘려나간 손가락에게
미안한 조랑말이 더운 김 쏟아내며
마구간이 떠나가도록 푸덕거렸다

말꼴을 베다가

말꼴을 베다가 내 발등 내가 찍어
뽑히지 않는 낫을 부여잡고 까무러치던 대낮

들녘 나가던 동네 아재의 손에
피 묻은 낫이 빠지고 벌어진 살 틈으로
어머니 풍년초 살담배를 털어 넣자
또 기절했다

언제쯤 다시 깨어났을까?
해거름 노을이 벌겋게 거품을 문 채
빛바랜 장독간 뒤로 저물고 있었고

말은 그런 피 묻은 꼴 맛을 알기는 했을까?

내가 얼어붙은 연못에 빠져
영문도 모른 채 죽을 뻔 했던 이후
마부 아버지와 그 말의 싱싱한 울음을

다시는 들을 수 없었다

연못

운 좋게 그 연못은
나를 잡아먹지 않았다

얼음으로 뒤덮인 겨울 연못과 놀다가
깨진 얼음장 속으로 빠져 허우적대면서도
아! 살려달라는 소리는 입 밖으로 내뱉지 못하는데

온 몸이 꽁꽁 얼어붙는 와중에도
고마운 얼음판이 계속 깨지면서
낯선 물가로 나를 밀어내주었다

동네 형이 피워준 모닥불에
젖은 몸 말리느라 까맣게 그을린 공포가
온 몸에 칙칙한 불 냄새를 매달고 따라다녀
살얼음 어는 옷이 젖은 갑옷 같았다

한 목숨이 하늘과 물속을 오가던 경각에도

눈 덮인 외갓집
아버지 등에 업혀 외할머니 세배 가던 길
따스하던 두루마기 자락이 눈앞에 어른거렸다

셋째 어머니 내력

겨울날 나를 업고
꽁꽁 언 몸으로
광목 이불 빨래를 하던 어머니가
어슴푸레 상여로 떠나신 날
막걸리에 취해 상복을 입은 아버지와
한산하던 문상객들 몽롱한 기억만 남았다

무섭고 무뚝뚝한 말씨가 들어온 후
구질구질하던 마당도 겨우 반듯해져서
걸핏하면 쉬던 마차도 들로 과수원으로 돌았고

화사한 분 냄새에 고운 한복이
딱 하루 머물다 간 적도 있는 탓인지
나는 어미 셋 둘 팔자라는 단골 무당집으로 불려가
무당 어미와 작은 불상에 큰 절 올렸다

다시는 새어머니 안 생기게 해달라고 빌며

그 언약으로 받은 수저로
꾸역꾸역 밥 퍼먹을 때마다
미루나무 꼭대기 막막하던 슬픔도
함께 퍼먹었다

채송화 피는 언덕

낡은 집 툇마루는
티 없이 하얀 고무신 한 켤레와
깨진 사발에 심겨진 엄마 손톱 닮은 채송화가
적요한 대낮의 인기척을 대신하고 있었다

돌계단 무너진 담장 아래
채송화 피는 언덕을 오르다 보면
기울어진지 오래 닫히지도 않는 삭은 대문 사이로
조그만 불상 하나가 전부이던 여인

한 눈은 이미 다른 세계로 초점이 돌아가 있어
빤눈이*라 눈빛조차 마주할 수 없던 그녀를
셋째 어머니라며 큰절 올리고
채송화 깨진 사발 같은 가슴에다 모셨다

---

* 사팔뜨기를 지칭하던 지역 은어.

징표로 받은 수저 한 벌이
열댓 번 공단을 떠돌던 이삿짐 수십 년에도
오지게 닳은 몸으로
늘어난 수저마다 포개져 따라다녔다

두 외가

나는 외가가 둘이었다

늘 과거의 저편에서
막연한 그리움으로 맞아주던 신서동 외할머니는
어린 나를 보기만 하면 두 손을 맞잡고
그렁그렁 마른 눈물만 대청마루에 떨구셨다

할머니 정갈한 걸레질로 닳은 툇마루엔
한겨울일수록 살얼음 꽃이 피어났다

방학만 되면 통과의례처럼
내가 소포로 부쳐지던 청송 외딴골짝 외할머니는
물갈이로 생겨난 온 몸의 두드러기를
혀 끌끌 차며 갈라터진 손바닥으로 등목沐해주셨다

구렁이가 정낭 돌담 사이로 기어 나오기도 해
똥 누다가 기겁하여 줄행랑치던 날은

할머니 낡고 까칠한 삼베옷이
질게 드리워진 산그늘만큼이나 아늑했다

손자들 공부 따라 도회로 나온 후에도
어머니 팔자타령이 나를 구박하면
먼데 도망 온 학교까지 도시락을 품고 따라와

꽁보리밥 도시락 퍼먹을 때마다
할머니 마른 젖가슴 냄새가 배어났다

도깨비불

그때는 왜 그랬을까?

난데없이 도깨비불이 보고 싶어지는 어스름이면
공동묘지에만 가면 나타난다고 믿어
얼굴도 모르는 엄마가 무작정 그리운 날은
기차 경적소리도 먼 철둑너머로 길을 나섰다

나보다 나이가 많은 종 조카
아주 어렸을 적 동네 우물에 빠져 죽어
봉분도 없는 무덤에 과자 봉지 몰래 두고 오던 아버지뻘 큰집 형님
젖은 눈가는 일부러 못 본 척
엄마 무덤만 슬그머니 둘러보던 곳

정말 도깨비가 나타나면 어쩌나
겁먹은 표정 감춘 채 깊어가던 어둠 건너
마침내 푸르스름하니 덤불처럼 피어오르던

도깨비불은 보았는지 못 보았는지

온몸이 후들거리며 겁에 질려 도망치던 밤이었다

탱자나무

배고프던 날 튀밥 같이 하얀 꽃
탱자나무 울타리들이
늙은 군인처럼 완고한 성벽이 되어
볼 붉은 능금을 지켰다

동네 아낙들 줄줄이 늙은 나무 등걸에 기어올라
가난한 밥을 따다가 돌아오는 저녁이면
벗은 머리 수건과
온 몸에 사과 익는 냄새가 방안 가득 번졌다

탱자나무 울타리 뚫고
철 지난 사과 이삭 주우러 가던 날은
무서움이 목구멍에 가시처럼 걸려와
생채기 난 손등 몰래 감추며 돌아왔다

몽고의 침입 막으려고
강화성 주변에도 심었다는 그 파수꾼 가시 따서

동네 아지매들 우루루 살평상에 둘러 앉아
걸터앉은 해거름 노을도
다슬기 함께 빼먹으며 붉게 저물었다

검정 고무신 한 짝

탱자나무 울타리 너머로
풋사과가 열리고
울타리를 빠져나오는 환한 햇살 사이로
개구멍 찾다가 들켜
정신없이 도망치던 장마철 내리막길

물웅덩이 건너다 철퍼덕!
검정 고무신 한 짝 잃고 돌아온 해거름

어머니 회초리 세례
무른 종아리에 아로새긴 채
굿이 열리던 밤마다 그 징소리 품고
신대 가지 꺾으러 떠돌던 과수원길
절룩이는 달빛 타고 휘돌아온 날은

젖비린내 악머구리처럼 울어대다가
검은 손에 거꾸로 매달린 채

까마득한 정랑 속으로 까무러치던 공포가
자꾸 떠올랐다

오구굿

초저녁부터 종이꽃 종이배를 만들고
벽에는 극락왕생도 가위로 오려 붙이고
어쩌다가 집안에 황천 못 간 조상 있어
우환이 덮친다고
어려운 살림 쪼개어 굿판을 벌인다

살아서 어지간히
자식보다 조랑말을 더 아끼더니
마부들끼리 지친 술동무나 하다가 떠나셨는가!
말도 마차도 사라지고 없는 마을에
탁배기 한 잔 못 잊어 어느 해거름에 다시 돌아와
들녘을 지나가는 바람이 되었는가!

초저녁부터 동네 아낙들
한마당 가득 메우고 앉아
입방아 혀 끌끌 차며 추수 끝
피곤을 묻었다

무당의 구슬픈 소리 신들린 춤 한바탕에
가슴 에이는 징소리 쌀 튀기는 북소리
달은 참 무던히도 밝아서
신대를 잡은 대-잡이 큰어머니가
까무러치던 밤이었네

제3부

뿌리 뽑힌 것들

겨울 상여길

새마을부역 나갔다가 마부들끼리
공짜 막걸리에 취해 돌아온 밤
흥얼거리던 노래 몇 자락 허공에 남긴 채
아버지 이승의 마지막 잠결이 될 줄이야

얼었던 땅이 풀리며 풀들이 막 돋던 때
어린 걸음이 따라가기에는
겨울 상여길 너무 멀고 험했네

가뭄에 누렇게 뜬 보리밭을 가로질러
가신 슬픔이 뭔지도 모르던 시절
겨우 십년 살고 또 남편과 사별인
어머니가 자꾸 떠올라
어린 상주 대지팡이가 너무 무거웠네

얼어붙은 땅 얇은 삼베옷에 떨며
진눈깨비 흩날리던 흐린 하늘가

엉겨 붙는 마른 눈물 떼어내며 뒤따를 때
북 우는 소리 살얼음 갈라지는 요령소리에
구슬픈 상여 소리가 너무 멀었네

뿌리 뽑힌 것들

1

택호만 대도 뉘 집
사소한 길흉사에도 온 마을이 연통連通하던 풍습은
종적조차 사라져
상여 나가는 길잡이는 옛말이 되었고
공장가는 길이 들녘 나가는 길을 다 잡아먹어
낯선 얼굴 낯선 억양들이 펀하여
대낮 거리에까지 취한 몰골로 삿대질에 싸움질
미루나무들도 먼지만 뽀얗게 뒤집어쓴 채
고개를 내돌려

소작도 마부도 단숨에 일이 끊겨
살 사람도 없는 조랑말은
헐한 고기값에 팔아 치우고
동고동락 마부 시절이 그래도 미련이 남는지
일거리도 없이 빈둥빈둥 모이기만 하면 화투에

앞으로 닥칠 일들이 막연했다

2

몇 십 년 정들었던 마부일 손 놓고
날품에 동네 하수구 취로나 하며
오뉴월 버드나무 가지가
채찍처럼 칭칭 감겨 오는 땡볕에
사방골목 흙 담 아래 피어나던 봉숭아마저
갈증에 타던 나날들

드러누울 수도
박차고 내칠 수도 없는
생계의 막다른 골목으로
내몰리기만 하던 날들의 연속

배운 거라고는 힘쓰는 일 하나에
난데없이 비집고 들어선 공장지대에
그들이 할 일이란
쏟아져 나오는 시멘트 포대를 울러 메거나
19공탄 연탄구멍에 집게를 쑤셔 박고
배달 차 조수로 따라다니는 일이나
새벽부터 신작로 빗자루 청소부로나 떠돌았다

3

몇 년 간 직업훈련소라도 때우거나
가난에 담 쌓고 빈둥거리다가
읍내 목욕탕 때밀이나 보일러공으로
장갑공장 타일공장으로
더도 덜도 아닌 밑바닥끼리 그대로

넉살 좋은 슬픔이고 울분으로 살아

힘겹게 버겁게 떠돌다가도
만나기만 하면 살갑게 좋아
세상이 아무리 천방지축이어도
못난 저들끼리야 차마 내칠 수 없어
얼굴만 마주해도 반갑기 그지없는 사이였다

어머니와 육소간*

아버지의 마차가 트럭에 밀려 사라질 즈음
역전 후미진 진열장에는
붉은 피가 듬성듬성 응결된
돼지나 소다리 몸통이 죽음의 혼돈을 뚫고 내걸려

싱싱한 허벅지나 옆구리 비계를 관통하는
살기어린 갈고리의 피 묻은 포로가 되어

먼지 풀풀 뒤집어 쓴 채 시골길을 내달려온
시외버스 경적에도 놀란 고기들이
칼집도 안 먹히도록 경직된 근육을 감추었다

글자를 모르는 어머니의 외상장부는
당신만 아는 기억법으로 기록되었고
역전을 무단횡단하며 찌그러진 오봉이나 나르다가

---

* 대구 · 경북 지방에서 '식육점'을 일컫는 말.

철길에 걸려 넘어져 쏟은 밥알이 산산이 달빛에 흩어져
망초꽃으로 되살아났다

처녀 선생님 버스 내리기를 기다렸다가
학교로 동행해주던 골목길과
아버지의 삐걱거리는 마차와 노쇠한 말
텁텁한 막걸리 콧노래 채찍질이
죽음을 뒤집어쓴 투구꽃으로 피어났다

어머니 피 묻은 손으로 갈아대던 투박한 긴 칼과
노쇠한 작대기 외상장부가
남루한 이삿짐 꽁지마다 따라다녔다

여공

울타리 없는 집 문풍지에
바람 잘 날 없고
낮은 지붕 비좁은 마당에
눈물 빗물 걷어질 날 없지만
그래도 크는 아이들은 용케도 컸다

하루끼니가 벅차던 시절
희망이란 꿈꾸어 볼 겨를도 없이
손님 든 날에 한둘 더 차려진
낯선 반찬 같은 것이어서

초등학교나 마치면 들일에 과수원 날품에
식모살이로 떠돌거나
막 들어서는 방직, 염색, 장갑 공장의
여공이 되어 팔려가

팍팍한 공장 폐수에 휘덮여

흐르기를 멈춘 금호강은

잿빛 오염에 허덕대며 신음만 깊어갔다

고모네

작은고모 시댁은 신서동 저수지 아래
혼례를 올리자마자 살림을 정리한 고모네
농토는 무한정 무상으로 준다는 꿈의 북간도로
이주해 갔다는데
내가 태어나기도 전의 일

한 동네 살던 큰고모 네는
월남전에 자원해 머나먼 정글을 헤치고
베트콩과 싸우다 살아온 고종형이
목숨 걸고 벌어온 돈으로
젊은 혈기에 오토바이나 즐기다가

밤새 내리던 부슬비에
길가에 세워둔 군용트럭에 받힌 후
가래 끓는 숨 몰아쉬다가
어이없게 목숨을 버린 이후로

소가 밟아도 꺼지지 않는다던
가산은 단숨에 탕진 되고

고모부 한참 기세등등할 때 얻은
소실 고모 댁도
역전에서 국밥집해서 돈 잘 번다더니
기차 경적소리와 함께 온데간데없이 사라졌다

제사 가는 길

집안에 제사가 있는 날은
사촌에 팔촌까지
밤이 이슥히도 전부터 방 안 가득 모여앉아
시시콜콜 집안 얘기로 부산해

제사 따라가는 밤길이 멀고 무서워도
아버지 두루마기 자락에 업힌 등이
쌀쌀한 바람에 더 포근해지고
학생부군신위學生府君神位로 예禮를 올리는 밤
문풍지 너머로
죽은 조상보다 먼저 찾아와
밤을 지새우는 달빛

제삿밥 얻어먹으려고
쏟아지는 졸음 억지로 참아가며
기다리던 밤이 너무 길어
돌아오는 밤길 향긋한 연꽃에 취하고

아버지 업힌 등 뒤로 배어오던
음복주 더운 김에 내가 취했다

벌샘*

벌샘을 뭉개면 동네가 망한다고 했다
겨울이면 김이 서리도록 따뜻
여름이면 살얼음 끼도록 시원한 것이
다 우리 동네 미륵불님 복 주신 탓이라고

동네 아낙들 다투어 묵은 빨래 헹구고
아이들은 꽁무니에 송진 바른 나무배를 띄웠다

새마을 한답시고 역전 박영감집 안마당 구석
왜정 때도 몰래 잘 넘긴 미륵불
고물 값에 해치우고
벌샘을 메우고 새 우물 팠더니
서너 자 깊이로도 사시사철 맑던 물이
열서너 자 깊이로도 흙탕물만 나오다가
그 물까지 씨가 메말라 버려

---

* 현재 대구시 동구 신기동 소재의 옛 샘터 이름.

살기 좋은 동네 복 건드려 화 입었다고

노인네들 모이기만 하면 혀를 끌끌 찼다

선거철

힘깨나 쓰는 젊은 것들은 공장으로
빈 들판에는
늙은 발자국들만 농자천하지대본農者天下之大本을
지켰다

선거철이라고
누구는 고무신이다 비누다 돌리는데
돌리는 떡고물이 어디 가냐며 표를 몰아주어
글자 모르는 이들도
1번만 찍어대면 그만

마을 동장만 만나도 선거인사가 난무하고
막걸리 몇 잔에도 군사독재는 잘 굴러갔다

한여름 찌는 고무판 등짝에 붙이고
시멘트 공장 잡역부로
연탄 공장 하역부로

선거철마다 부쩍 느는 취로사업에도

그들에게 정치란
비누 한 장의 거품만도 못되는 것

꽹과리 장단에 장구 치는 솜씨가 빼어나
동네마다 불려 다니던 박영감 내외만
신바람이 났다

반야월극장 선전반

걸핏하면 “내 왼 주먹이 운다!”던 은숙이 아버지
총천연색 영화 광고판 짐자전거 뒤에 매달고
고막 찢는 마이크에 “반야월극장 선전반!”을 외치며
후미진 동네를 맴돌았다

색 바랜 영화 포스터가
바람에 찢겨 나부끼고
검을 든 외팔이가 영웅이던 시절

벌건 대낮에도 막걸리 몇 사발에
불콰해진 얼굴로
얼룩진 콧수건 동여맨 마이크에 침 튀겨가며
삑삑대는 쇳소리에도 흥이 오르면
녹슨 짐자전거 버거운 페달도
잘만 굴러갔다

까맣게 부르튼 손등에

나무칼로 무장한 조무래기들이
땟구정물 졸졸 신명나 뒤따르면
돌아온 외팔이 흉내에
지질한 악당들의 소탕이 후련했다

가수의 꿈

키가 너무 작다고 키득키득
"난쟁이 뭐만하다"고
걸핏하면 동네 어른들 입에 오르내리던
토골댁 둘째 아들

학교도 다니는 둥 마는 둥
농사짓는 데는 저보다 백배 더 중한 소 한 마리
풀 뜯어 먹인다고 몰고 나가더니
아버지 몰래 그 소 팔아 가수의 꿈을
결행했다

비명에 간 배호 노래가
청춘들의 가슴을 저미던 때
라디오 지방방송 음악프로에
간간히 몇 번인가 흘러나오더니

소 풀 뜯어먹는 소리로 부르던

애잔한 노래도 막 잊혀져갈 무렵

아침마다 더운 김이 피어오르던 외양간에는
들일 나가야 하는 소는 보이지 않고
그 소와 맞바꾼 노래조차
종적을 감추었다

저탄장*

율암동 연못이 메워지고
누렇게 익은 벼들이 출렁이던 들녘
도시정비에 내몰린 저탄장이 들어서자
고개 숙인 벼들도 온 들판이 까맣게 절어
죽은 탄가루가 길마다 지붕마다 뒤덮었다

그래도 고향 지키고 살겠다고
널어놓은 빨래도 오가는 행인들도
반짝이는 눈만 새하얗게 내놓았다

과수원 고목들은
까맣게 쪼그러든 사과를 버린 채
개발지 특혜나 누리며 뿌리째 뽑혀나가거나
들판은 야금야금 다른 공장이 들어서거나
땅깨나 있는 지주들만 분주하게

---

* 숯이나 석탄 따위를 대규모로 저장해 두던 곳.

다방이나 들락거리며 홍정을 기다렸다

집 하나에 얹혀살거나 셋방을 떠돌며
죽어도 집만은 못 버린 채
막일꾼으로 전전하였다

잔인함에 대하여

아재가 술도가 머슴으로 일할 적에
새경으로 받은 쌀가마니
쌓일 만하면 노름으로 거들 내던 터라
저린 오금에 좋다며 개 한 마리 끌고 와서는
복날 보신할 요량으로 애지중지
끼니를 챙겨 먹이는데

그 밥이 자기 죽이는 밥인 줄 알았는지
식욕도 없이 늘 눈가가 젖어있던 개가
지나가다 눈빛만 마주쳐도 꽁지를 내린 채 끙끙댔다

풋 능금이 달빛에 익어가던 밤
사과나무 실한 가지에 올가미가 내걸리고
육소간에 내걸린 소다리 다루듯 능란하게 처치하던
피 묻은 칼질이
새파랗게 질린 허공을 마구 베어냈다

연탄가스에 취한 달빛이 흐느적이며
새벽 언 마당에 드러누운 경각에도
하늘 향해 마지막 가는 길을 게워 올리던
그의 붉은 혓바닥이 자꾸만 떠올라
나는 자다가도 울렁거리는 속을 달래느라
수없이 정낭을 들락거려야 했다

연탄중독

1

밤마다 도끼로 내려찍는
두통이 괴롭힐 때
메스꺼운 잠결에 재촉하던 뒷간은
얼마나 갈길 먼 황천이었는지
엎어지고 자빠지는 등 뒤로 저미던 달빛
문틈으로
갈라진 방바닥 사이로
자객처럼 스며들어 내 목숨을 겨누어도
꽁꽁 언 마당에
영문도 모른 채 쓰러져 눕던 다음날에도
그의 안부가 걱정이 되어 연탄아궁이를 열면
19공탄 구멍마다 이글거리던 불꽃과
운명처럼 매캐하던 냄새가 따스해
그 불꽃 사위어 숨넘어간 날은
옆방에서 얻어 온 타다만 연탄재로

시들하던 내 명줄도 덩달아 되살아났다

2

안방에서는 외가 친지들이 함께 묵던 밤
골방에 잠든 나에게도 누가 찾아왔던가?
꿈결인지 생시인지 저문 강이 보이고
강 저편 아스라이 어서 따라오라는 손짓
잔물결 헤치며 허우적이던 중에도
귓전을 스치던 고함소리에
의식이 들고 보니 얼어붙은 마당
별들이 홍건히 내려앉는 살평상 위에
축 늘어진 채 죽어있던 내가 누워있었다

어렴풋이 어른거리는 눈에 마주친
근심스런 눈빛의 셋방 아지매와

벌건 김칫국물 한 사발과
살 에이는 시린 밤이 지켜주고 있었다

순자

학고 마친 오후에는
뒤껻 감나무 그늘 아래
쇠비름 강아지풀 채송화꽃잎으로
소꿉 밥상 차려 놓고

순자는 어김없이 엄마가 되어
방도 치우고 마당도 쓸고
머리 수건까지 챙겨 쓰고
궂은 일 도맡아 하던 동무였다

지금은 어디서 어떤 엄마가 되었을까
아이 하나 들쳐 업고
우유 배달을 할까
초등학교 마치자마자 들어간
공장에 다시 들어가
장갑 짜는 일을 한다고도 하고

튼실한 신랑 하나 만났을까?
소꿉놀이하던 뒤란 감나무는 베어지고 없는데
꾸불꾸불 옛 골목길만 남아
짧았던 오두막 추억을
곰삭히고 있다

동무 이야기

어릴 적 서럽던 강으로 들로
키만 하던 꼴망태기 메고
우거진 풀밭 찾아 헤맸지

등 꺼풀이 다 타도록
신명 없던 날의 지루한 발길들
건넬 말조차 가슴에 다 묻고 없는 벌거숭이
정월 대보름 쥐불놀이 동무 아니냐
장마철마다 금호강이 게워내
범람하던 황톳물에 얼룩진
토박이 눈물 콧물 아니냐

다급하게 들어선 염직 방직 공장으로
썩은 강물엔 달빛조차 비치지 않고
누이들은 줄지어 공장으로 발길을 돌렸고
사내들은 대처로 뿔뿔이 흩어져

싸구려 월셋방 난방도 안 되는 방에서
새우잠 자가며
새벽 일터로 나서야 했다

제4부

포항행 완행열차

반야월역*

철길 사라지고 발길 끊어진 지 오래
역사驛舍의 자취는 흔적조차 없다

어머니 육소간 지나 약국 모퉁이를 돌면
심심한 잠자리 떼 자욱이 휘덮던 하늘
혀 짧은 고함소리로 절룩이던
착한 용팔이 아저씨가 밤을 굽던 곳

먼 이국 산 아름드리 원목에 올라 앉아
온종일 날 무딘 낫으로 껍질을 벗겨 내거나
부려진 배추더미에 널린 시래기를 줍거나
철길 건너다 넘어져
무르팍 피 철철 흘리던 시절을 건너

---

* 대구시 동구에 소재하던 역. 지금은 노선 변경으로 폐역이 되고 건물만 이전됨.

나는 어디로 가야 하나?

열아홉 이불 보따리 하나로

포항행 완행열차에 몸을 싣던 날의 막막함이

철길마다 배설된 불임의 참외 꽃으로 피어났다

포항행 완행열차

포항행 열차는
쉬엄쉬엄 무엇을 실어 나르자는 것이었는지
치적 대는 여름비를 맞으며
열차를 기다려
작은 이불 보따리 하나로 덥석 올랐다

느려터진 완행열차보다 더
더디게 밀려드는 슬픔을 감추기에는
열차나 나나 피차일반
하양역을 지나고 경주역을 지나
열아홉 노동의 첫발이 시작되었고

마중 나온 공장 직원의 안내에 따라
송도 바닷가 먼 하숙집에 짐을 부려 놓자
아스라이 밀려드는 검푸른 파도도
밤마다 무슨 짐을 부려 놓는지
희뿌연 거품을 토해내었다

자갈밭 구르는 소리로
잠 못 드는 두 귀를 적셔와
형산강 하구 공단의 심야를 건너
거대한 불빛들만 어질어질 눈앞에 흥건했다

마부와 시인

길들인다는 말의 양면성을
나는 어릴 때부터 터득했다

아버지 노쇠한 말을 갈아서
새 말을 길들이러 가던 금호강변
바퀴가 푹푹 빠지는 길도 없는 자갈밭을
재갈을 물리고 마차를 채우면
빈 마차조차 거부하며 날뛰던 말을

긴 갈기 목덜미 쓰다듬으며
어르기도 하다가 달래보기도 하며
조금씩 짐을 늘릴수록 버둥대다가
커다란 눈동자 껌벅대며 눈물을 뿌려댔다

그렇게 아버지는 짐을 거부하며
날뛰는 말을 길들여야 하는 마부가 되었고

나는 너무 온순하여 소용이 못되는 말글을
사납게 날뛰기도 하는 말로 길들여야 하는
또 다른 마부가 되어갔다

또 다른 마부

아버지 빈자리를 메우던 자리가
너무도 숨 막히도록 더디고 아파서
교복 벗는 6년이 아득한 천리였다

차비가 없어 걸어오던 머나먼 하굣길
아가미 어린 물고기마냥 숨 가쁘게
강물 따라 흐르던 방천둑길 반야월까지
그 팍팍하던 30리길이 꿈만 같다

어렵사리 팔려간
포항행 이불 보따리 하나가
또 다른 마부의 시작인 줄은 공단 출근길
형산강 다리를 건너며 예감했다

60년대 아버지는 낡은 사과 궤짝을
새벽마다 마차로 실어 나르는 마부였듯이
70년대 나의 마차는

다감한 말발굽 요령 소리는 없어도
공장 출퇴근길 끝없는 자전거 행렬에 끼어
예측불가의 내일을 향한
또 다른 마부가 되어갔다

첫 월급

내 생애 첫 월급이 기만 원
방세만 만 오천 원에 나머지로
홀어머니와 함께 사는데

박봉에 기가 찬 어머니
공장 친구들 형들 불러 모아 하숙을 치니
동네에서는 대여섯 하숙생들이
다 아들인 줄 알았다

넘치는 작업은
툭하면 잔업에 철야까지
정문을 지키던 경비들도 철인이라며
혀를 찼다

현장 식당 나오는 밥이 부실하여
식권으로 빵이나 라면으로 바꿔 먹기 부지기수
수시로 식도를 타고 올라오는 신물이

만성 위장병인줄도 모른 채

밤마다 매연 자욱한 공장 불빛에
숨 막히는 두 눈 비벼가며
졸음 참아가며
절망으로 박제된 새가 되어갔다

전깃줄에 위태하게 모여 앉은
아침 참새들처럼

야간정비

쇠를 갈아낸다는 것은
누군가의 살을 아프게 갈아내는 일

마멸된 쇠의 파편들이
스스로 몸을 갈아 어둠을 밝히다가
명멸하는 찰나의 개화가
고속으로 돌아가는 연마기 날 끝에서
피어난다

날려 보낸 입자들이 일제히
세찬 바람에 되살아나
시린 꽃이 되어 스러지는 야간노동
심야의 허공을 갈아내듯
두 눈 부릅뜬 연마가 계속되면

나도 저같이 아름다운 불꽃으로 돌진해가는
당신의 따스한 별이 되고 싶었다

거대한 밥

파쇄기가 돌아간다
숱한 목숨들 까마득히 거대한 입 속으로
무엇이던 받아먹는 대로 뱉어내는 괴력에
식사시간도 없이 돌아간다

돌아가야 한다는 것은 돌려주는 누군가와
잠도 없이 지친 몸을 이끌고
함께 가야 한다는 것

기계도 사람도 도저히 고장 나면 안 된다는 것
집채만 한 바퀴가 쉴 새 없이 굴러도
절대 주저앉으면 안 되는 욕망은
세계가 추구하는 밥이다

한 쪽에서는 남아도는 밥을 어쩌지 못하고
또 한쪽에서는 궁핍한 밥을 얻기 위하여
찌든 몸을 던져야하는

먹어치워야 하는 밥이 많아질수록
밤 지새워 끝없이 굴러가야 하는
저 거대한 밥이 무섭다

끝도 없는 속도를 강요하는
잠도 없는 밥이 두렵다

모터 맨

밥만 제대로 주면
꾸역꾸역 몸이 다 망가질 때까지
일밖에 할 줄 모르지
불평 한마디 없이
요령 피우는 일 하나 없이
속이 새까맣게 다 탈 때까지 부서져
더 이상 망가질 수도 없을 때까지

생각할 겨를도 없이 쉴 틈도 없이
돌아가야 하는
절대 왜? 라고 반문하면 안 돼!
수많은 모터들이 달라붙어
한 몸처럼 돌아가야 하는

단 한 대의 꾀병이나 고장으로도
모든 설비들이 일시에 정지해 버리는
공장의 밀림으로 무한 팽창하면서도

더 완전하고 더 강인한 모터만을 요구해
숱한 목숨들이 그렇게 들어내어졌다

걸핏하면 고장 나는 모터들은
단숨에 폐기되어 쫓겨나거나
살아남은 자들의 목을 겨누는
시퍼런 칼날이 되어 되돌아온다

굴뚝에 오르다

그해 겨울의 칼바람은
시린 뼈마저 후벼 팠다

벗들 중 일부는 기어코 백여 미터 고공의
공장 굴뚝으로 기어 올라가
누군지도 알 수 없는 하늘 꼭대기로
처참한 노동자의 요구를 매달았다

그해 형산강에는
송도 바다를 거슬러 오르는 숭어 떼들도
통통배를 피해 다니느라
얼어붙은 강물을 가르며 가열 차게 퍼덕였고

굴뚝 아래 지원 농성단의 허술한 텐트가
다가올 험난한 싸움을 예고하듯
거센 파도가 몰아치는 바다를 향해
몸을 여미었다

퇴근만 하면 성당에서 머리를 맞대던 벗들은
기약 없는 굴뚝 위에서
다부진 등줄기를 곧추 세웠다

흐린 강물에 공단을 비춰주던 달빛이
매연 자욱한 출퇴근길
끝없는 자전거 행렬을 건너 주었고

호출

철광석 광산에서의 긴급호출이다

잘 돌아가던 파쇄기에서 무슨 탈이 난 것이다
쇠가 될 운명들은 돌들도 검은 눈물을 흘리며
갱 속에서 끌려나오고
스치던 바람도 고된 벽마다 유언비어처럼 달라붙어
말 못할 문신들을 까맣게 새겨두었다

숨넘어가는 기계를 열고
그의 다급한 내장을 들여다보노라면
화석이 된 인부들의 지친 그림자가
노쇠한 콘베어 벨트 위로 길게 드러누웠다

깊숙이 갱 속으로 묻힌 원願이 많은 산일수록
나무들도 온몸이 붉게 물들어 저 먼저 울고

밤새워 꽃피우던 샛노란 감국도

부르튼 입술 비벼가며

어슬렁대던 바람에 업혀 산비탈을 내려왔다

나는 갱으로 들어간다

나는 갱으로 들어간다
희미한 알전구가 끝없는 콘베어를 타고
듬성듬성 보초를 서는 곳

저 거래처 하나 끊어지고 말면
간신히 버텨온 이 생업도 끝
가파른 내리막길로 들어설수록
불안도 따라 깊어지는 갱 속으로

햇살은 엄두도 못 내는 암흑의 사원
기계들만 중세의 노예처럼 끌려와
무한 사역당하는 곳

누군가의 내밀한 속으로 들어간다는 것은
창자 속 같은 동굴의 벽에 기대어
이 깊은 어지러움을 견뎌내는 일이다

가벼운 비탈바람에도 흐드러지는
그리운 산벚꽃 다 밀쳐두고
어둠만 살아 인간을 다시 조련하는 곳

허튼 기침마저 암벽에 부딪혀
먼 길 떠나는 곳
나는 갱으로 들어간다

소문

단속을 피해 무차별 검거를 피해
모이기만 하면 쑥덕거리며
소문이 드러나는데

우리들의 어린 누이 젖가슴이
대검에 잘려나갔다고도 하고

민주화를 외치던 청년의 머리가
계엄군의 총 개머리판에
아아! 형체도 알 수 없도록
짓이겨 졌다고도 하고

맙소사! 이런 개명 천지에 하느님
도무지 믿기지 않을 흉포가
몇 장의 증거 사진으로
숨어서 떠도는 나라

몰래 그 사진 보다가 들키는 날엔
행적도 없이 붙들려가
개 패듯이 죽어 나온다고도 하고

오거리 광장을 넘어

형산강 넘는 다리 하나의 거리가
개망초꽃 풀숲이 한번
피었다 지는 만큼이나 아득했다

시내 진출을 저지하는
난무하는 최루탄 가스를 뚫고
눈 밑엔 치약을 바르고
기름때 절은 작업복이 전투복이 되어 넘던 날

해 그림자 넘실대는 강을 건너
매운 최루 견디다 못해 숨어들던 주택가
다급한 수돗물에 타는 두 눈 진정시키고
가라앉지 않는 분노는 낯선 얼굴들끼리 나누면
최루연기 자욱한 하늘과의 대치가 너무 길었다

눈물의 오거리 집회를 마치고 돌아오는 길
붉은 넝쿨장미꽃들이

아슬하니 공장 울타리를 기어오르며
숨 막히는 땡볕 아래 만발했다

마지막 시낭송회

시절이 하수상하니 은밀하게
소문나지 않게 장소를 물색하고 연통을 돌렸다
당국의 탄압이 염려되어 아무도 장소를 빌려주지 않던 때
죽도성당 주임신부는
선뜻 방패가 되어주었다

시낭송회에 시인보다 먼저 도착한 경찰들
성당 담벼락을 에워싸고 출입을 봉쇄하면
교회신자라고 우겼다
서울에서 주요 사찰대상이 연사로 온 탓이었다

송도 바닷가 뒤풀이 횟집
채광석 시인은 해안가 자갈밭 구르는 파도보다 더 큰 울분으로
즉흥시를 토했다

자정 넘어 제철소 불빛이 건너다보이는 송도 횟집에서

부산 울산 대구 청주에서 몰려든 작가들과
속 깊은 영일만 바다가 젖은 가슴을 맞대고
밤새워 진지를 구축했다

이날 시낭송회가 화근이 되어
공단에서 일하던 몇몇은 뿔뿔이
포항을 쫓겨나야 했다

시인의 산문

| 시인의 산문 |

마부와 마부의 아들

정원도

1

내 시의 시작은 죽음이었다. 모든 존재를 단숨에 무로 돌려버리는 죽음. 생명의 유일한 통로이자 의지가지였던 부모님을 어린 나이에 여의게 된 이후로 나는 날마다 아득한 절망과 사투를 벌여야 했다.

시는 문학이 아니라 쓰지 않고는 견딜 수 없던 끊임없는 시련 속에서 유일하게 나를 정화시켜주는 해원같은 것이었다. 갓 스물 무렵부터 아우구스티누스의 고백록처럼 나의 삶을 시로 기록해보고 싶던 간절함도 어느덧 40년이란 긴 세월이 흘렀다.

포항공단의 한 귀퉁이에서부터 공장생활 틈틈이 독학으

로 시를 끄적거린 것도 다 일찍이 여읜 부모님에 대한 그리움에서부터 시작된 필연적인 운명이었다. 그러니까 나의 습작은 어릴 적부터 막연하게나마 생의 막다른 골목에서 나를 지켜준 유일한 수단이었던 셈이다.

밤마다 지친 잔업에 시달리면서도 시를 향한 욕구를 제대로 채울 수조차 없던 시절에 불현듯 다가온 상념의 쓰디쓴 결실인 것이다. 형산강을 건너는 끝없는 황색 작업복의 자전거 대열에 끼어서 출퇴근하던 공단의 매연 자욱한 불빛을 바라보면서, 저 거대한 용광로 불꽃과 함께 살아가야 할 삶들을 깊이 고민하게 되었고, 그 많은 번민의 끝을 실행에 옮겨보기로 한 것이 이 자전적 연작시 '마부'인 것이다.

2

아버지는 큰고모부의 권유로 마차를 끌기 시작했다고 한다. 어머니가 갑작스레 돌아가신 후 새어머니가 들어오셨을 때였다. 당시 금호강을 낀 경산 일대가 대구 사과, 대부분의 산지여서 고향인 반야월도 생산의 큰 비중을 차지하던 곳이었다.

그렇게 시작된 아버지의 마부 생활은 내가 5세 때부터 10세 때까지 6년 정도 지속되다가 막 화물차가 등장하면서 그 짧았던 마부의 길도 접게 되고야 말았지만, 내게 남아있는 아버지의 기억은 대부분 마부일로 바쁘시던 그때의 모습들이다.

아버지의 마차 일이 끊어진 이후로는 궁여지책으로 어머니가 식육점을 시작하기도 했는데 낫 놓고 기역자도 모르는 어머니의 과욕이었는지 3,4년 엎치락뒤치락하다가 접게 되고야 말았다. 아버지는 그 무렵 좋아하시던 막걸리 과음으로 귀가하신 후 주무시던 잠결에 세상을 하직하시니 그 때 내 나이 겨우 열 넷 되던 해였다.

중학교를 막 입학했던 어느 날이었다. 자고 일어나니 아버지께서 심한 헛소리를 하시며 정신이 몽롱한 증세를 보이셨는데 불안한 마음이었지만 학교가기를 재촉하는 어머니의 호령으로 마지못해 등교하여 수업이 막 시작되던 찰나였다.

동네 아주머니가 다급히 나를 찾으러 오셨고 나는 아버지 마지막 떠나시는 모습조차 보지 못한 채 그리움으로 삭혀야 하는 운명이 되고야 말았다. 나중에 알게 된 사인은 뇌출혈이었지만, 그런 사단이 일어난 것은 새마을 운동의 일환으로 동네마다 사방사업이니 배수로 공사니 부역으로 불려다니며 얻어 마신 공짜 막걸리에 탈이 난 것이다. 나는 그 이후로 새마을이란 말만 들어도 외면했다.

그 당시 반야월에는 아버지와 같은 마부 동기들이 꽤나 있었다. 동무 아버지와 뒷집 아재가 가장 기억에 남는 마부였고, 그들은 일 없는 밤마다 우리 집 오두막 골방에 모여앉아 화투를 치거나 막걸리 추렴이나 하며 세상 이야기를 나누었다.

나는 아버지 마흔 하나에 태어난 늦둥이 외동이다 보니, 아버지는 늘 나를 귀하게 데리고 다니셨다. 그나마 가장 소중한 추억들의 대부분이 마부들끼리의 한담이나 화투판에 끼어 귀동냥한 이야기들인데, 지금도 영화의 한 장면처럼 생생하게 기억되고 있다는 것이 스스로도 신기할 따름이다.

나와는 다섯 살 차이인 막내 누님과 둘이서 자주 말꼴을 베러 다녔는데, 누님이 하도 겁이 많아서 들녘에 나갈 때면 언제나 어린 나를 앞세우고 슬그머니 뒤따라 다녔다.

때로는 동네 형과 함께 들에 나갔다가 형의 꼬임에 빠져서 오후 내내 베어 모은 한 망태기 풀을 '낫 던지기' 내기에 다 잃어버려서 어둠이 깔릴 때까지 홀로 남아 비워진 말꼴을 채워야 했다.

나는 왼손잡이인데 낫은 전부 오른손잡이용으로 휘어져 있어서 걸핏하면 손가락을 베게 되었다. 아버지는 상처 난 내 손가락에 오징어 뼈를 갈아서 헝겊으로 싸매줄 때가 다반사였다. 그때 당한 수난들만 돌이켜 보아도 눈앞이 아득해지는 사연들이 수두룩하다.

한 번은 누나와 함께 작두로 말여물을 써는데, 처음에는 내가 작두를 발로 밟다가 잘 못 하니까 누나가 작두를 대신 밟고 내가 여물을 우겨넣다가 서로 박자가 맞지 않아 내 오른쪽 검지를 잘라버렸던 일도 있었다.

또 한 번은 도랑에 자라는 질긴 풀을 낫으로 내려찍다가 발등을 찍는 바람에, 뽑히지 않는 낫을 부여잡고 누나와 둘이서 울며불며 들일 나가던 동네 아저씨를 불러서야 겨우 그 낫을 뽑고 집으로 돌아올 수 있었는데, 어머니가 벌어진 상처에 풍년초 살담배 부스러기를 우겨넣고 싸매는 바람에 실신하기도 했다. 지금도 낫날이 박혔던 오른쪽 발등을 내려다볼 때마다 시리고 아렸던 그때의 통증이 되살아나곤 한다.

땡볕 긴 금호강변에서 해가 저물도록 땀 뻘뻘 흘리며 말을 길들이던 아버지의 모습도 눈에 선하다. 노쇠한 말을 새 말로 갈아치운 날 처음으로 재갈을 물리고 길마를 얹고 빈 마차를 채운 후 금호강 자갈밭 길을 몰아 말을 조련하는 일이었다. 처음에는 거세게 거부하던 말이 어떻게 어르고 달랬는지 조금씩 짐을 더 얹어도 고분고분 마차를 잘 끌어 주었다. 말을 조련하느라 아버지 마른 입술에서 초조하게 타들어가던 담뱃불을 바라보며 어린 입술도 함께 타들었던 기억이 선명하다.

3

내 귀가 남의 말을 알아들을 수 있을 때부터 알게 된 사실이지만, 그 훨씬 이전부터 어렴풋이 나를 낳아주신 어머니 대신 새어머니와 함께 살고 있다는 것을 알게 되었다.

새어머니가 들어오고 한 달 만에 네 살이 되었다고 하는데, 어릴 때 어른들끼리 나누던 이야기를 흘려듣노라면 어머니는 늘 내가 당신을 친어머니로 알고 있다는 것을 큰 위안으로 삼는 눈치였다. 그래서 나는 친어머니인줄만 아는 아들로 보이기 위해 무던히도 애썼다.

그런데도 새어머니와 처음 만났던 기억은 전혀 없고, 느닷없이 불쑥 찾아와 하룻밤을 함께 보냈는지 어땠는지도 알 수 없는 어떤 여인에 대한 기억이 더 생생했다. 어여쁜 얼굴에 고운 한복을 차려입은 맵시 있는 모습이었다. 어린 가슴마저 설레게 하는 화사한 분 냄새를 풍기며 가방 하나 들고 왔다가는 자취를 감춘 어떤 여인 말이다.

어둔 안방의 윗목에 다소곳이 앉은 채, 눈빛이 마주친 나를 손짓해 당신의 옆에 앉히고는 머리를 쓰다듬으며 물끄러미 바라보던 모습이 아직도 기억에 선하다. 그 연유는 나도 잘 모르겠다. 살기 힘든 시절에 어찌어찌 소문을 듣고 찾아왔으리라. 그리고는 도저히 살 곳이 못되는 살림살이를 마주하고는 종적도 없이 사라졌으리라.

훗날 어머니께 자초지종을 물으니 당신이 오신지 얼마 안 되었을 때인데, 후처를 구한다는 소문을 듣고 그녀가 찾아 왔으나 차편도 여의치 않던 시절에 바로 돌려보낼 수도 없는 형편이라 하루 묵은 다음날 떠났다는 것이다.

그날 어머니는 집을 피해서 어머니를 소개시켜준 아는 동생네 집에서 하룻밤을 보냈다고 한다. 기이한 일이었다. 새어머니는 내가 너무 어릴 때 생모가 죽어 당신을 친엄마로 안다는 것이 큰 위안이라도 되는 듯했는데, 정작 나의 기억 속에는 생모를 초상 치던 풍경이 생경하게 살아있다니.

그 기억이 친어머니 장례 풍경이었다는 것은 내가 예닐곱 살 때부터 알아차렸다. 넓은 마당이 있는 오두막이 있었고, 장독대가 있었고, 집 옆에는 작은 마구간까지 딸려 있었다. 담벼락 옆에는 감나무 한 그루가 있었고, 망아지와 내가 숨이 차도록 뛰놀았다.

그 마당 한가운데 차일이 쳐지고 동네 사람들이 북적대며 문상을 다녀갔다. 그 슬픔 때문인지 워낙이 막걸리를 좋아하신 탓인지 아버지 몸에서는 해거름이 가까워올수록 막걸리 냄새에 독한 담배 냄새가 났다. 그 냄새 때문에 아버지 무릎에 앉아있는 것조차 고역이었다.

어머니를 태운 상여가 대문을 나설 때 멋모르고 골목을 뛰어다니다가 마주친 기억이 또렷한데 그것이 어머니 마지막 가는 길인지를 안 것은 한참 뒤의 일이다.

사인이 무엇인지는 알 턱도 없고 치료할 병원도 없던 시절에, 자신의 몸은 돌 볼 틈도 없이 일하며 참는 데만 능숙

하다가 기어이 변을 당하고야 만 것이리라.

그렇게 가엾은 첫 어머니에 대한 연민은 내 인생의 가장 큰 멍에가 되었다. 그 어머니를 생각하면 지금도 온 몸이 먹먹해져 온다. 그녀를 회상하는 글을 쓰다가도 온 몸에 신열이 돋고, 회갑이 가까워오는 나이에도 물밀듯이 밀려드는 그리움에 극심하게 앓아눕고야 만다. 어머니가 그리워지는 날은 내 몸속에 물려주고 떠나신 그녀의 영육을 더듬어 대화를 나누고, 지금도 그럴 때마다 내게 말을 건네 오는 환청이 들려온다.

어머니를 떠나보낸 것은 오월의 어느 날이었고 새어머니가 오신 날은 설날 한 달 전이었다고 하니, 그렇게 인연이 된 새어머니는 가장 오래토록 나와 함께 했다. 돌이켜보면 허물 많은 나를 일깨우러 신이 보내주신 특별한 인연이라 믿는다.

어릴 때는 "낳은 어머니가 아니라서 그렇지!" 라는 말도 많이 들었고, "그래서 그럴까?" 미움이 컸던 적도 많았지만 지나고 보니 그게 다 나를 강하게 키워준 큰 은혜임을 깨닫는다. 그때 그리 모질게 단련되지 못했더라면 지금의 나는 없을 것이다. 나를 낳으시고 지켜주신 운명의 세 어머니에게 바쳐야 할 효를 남은 한 어머니에게 바쳐야 하므로 나는 세 곱절의 노력을 해야 하리라!

4

그런 어머니께서 나에게 셋째 어머니까지 특별히 맺어주신 것은 결국 당신과 내가 살아남기 위한 자구책이었음은 뒤늦게야 비로소 알게 되었다.

어머니가 어느덧 식구로 익숙해졌을 무렵, 위로 누님 셋은 저마다 초등학교만 마치거나 그나마 그것마저도 포기한 채 뿔뿔이 공장으로 살 길 찾아 떠나야 했고, 나와는 띠 동갑인 큰 누님은 어머니와 나이 차가 많지 않은 탓이라 걸핏하면 티격태격 댔으며 누이 셋은 순식간에 입 하나 덜기 위한 출가로 시집을 가야했다.

무속신앙이 깊던 시절에 무당이 나보고 "어미를 셋 둘 팔자!"라는 말이 어머니 맘에 걸렸던 모양이다. 그 말은 결국 새어머니 당신이 죽을지도 모른다는 뜻이 아닌가?

그래서 택한 것이 빤눈이 무당을 나의 셋째 어머니로 삼는 일이었다. 빤눈이라는 별명은 종갓집 형수님이 지어 부르기 시작했는데 양쪽 눈이 심하게 초점이 돌아간 사팔뜨기라 붙여진 별호이다.

내가 처음으로 시내버스를 타게 된 것도 그 무당집을 찾아가기 위해서였다. 어머니와 단둘이 대구 변두리 산동네를 글자도 모르는 어머니 손에 쥐어진 주소 하나로 물어물어 찾아갔다.

기울어져 닫히지도 않는 대문을 밀고 들어서니 빼꼼히 열린 방문 사이로 조그만 불상 하나가 단출하게 모셔진 채 사람 그림자조차 없었다. 그 무당을 어머니로 삼는 예를 올리고 징표로 받은 수저 한 벌을 어머니 당신은 자신의 목숨처럼 챙기셨고, 내가 밥 떠먹을 때 마다 그 숟가락을 쓰는 것이 중요한 비방이 되었다.

아마도 그 수저를 잃어버리기라도 하면 신과의 약속이 깨어져버려 또 다시 셋째 어머니가 생기는 변고가 닥칠 것이라는 우려 때문이었을 것이다.

그 무당이 우리 집 굿을 해 준 것도 아버지 돌아가시고 난 뒤에도 두어 번 있었는데 신대를 꺾으러 해 저문 과수원 길을 돌아다니기도 했다. 굿이 시작되고 신대를 잡은 큰어머니가 무당의 주술에 잡은 신대를 심하게 흔들어대다가 하염없이 눈물을 흘리며 까무러치는 것을 보았다. 아! 어떻게 무당의 주술에 저렇듯 영혼이 흠뻑 젖어 기절할 수가 있을까? 기이하기도 했다.

그때의 북소리와 징소리를 잊지 못할뿐더러 어린 숨결에 깊이 새겨진 탓인지 지금도 자제력을 잃은 북과 징이 격정적으로 우는 소리를 무척이나 좋아한다.

굿을 할 때마다 안방에서 어머니와 무당과 셋이서 나란히 잠을 자며 '낳아주신 어머니는 세 살 적에, 아버지는 또 열넷에 떠나보내고 남은 새어머니와 나는 얼마나 기구한 운명이면 무당까지 셋째 어머니로 삼아 한 방에서 하룻밤을 보내야 하는 것일까?' 그 불운에 대해 밤새워 절망하기도 했다.

그 후로 나는 어머니가 맺어주신 셋째 어머니의 징표인 수저를, 공단에서 떠돌던 이삿짐마다 고이 챙겨 다니곤 했다. 지금은 그 굿을 주도했던 종갓집 형수님도 구순 중턱에서 세상을 뜨시고, 어머니는 일찌감치 고향을 떠나면서 아들을 따라 개종했다. 난공불락의 무속에 심취되어 성당에 가기만 하면 온 몸을 떨며 극도의 아픈 증세를 보이는 통에 무던히도 애를 먹기도 했다.

5

지금도 고향에 내려가면 어머니를 기억하는 이름은 이밥재이로 불린다. 이밥재이라는 말은 아버지가 어려서부터 보리밥을 못 드셔서 큰어머니 시집오셔서 가마솥에 밥 할 때마다 엄한 시어머니 밑에서 시동생 밥은 무조건 삼베주머니에 따로 순 쌀로 안쳐주어야 했대서 이밥재이가 되었다.

새어머니 들어오시고 10년 만에 또 아버지를 여의신 후 나와는 평생을 함께 사셨으므로 어쩌면 아버지는 후처를 구하신 것이 아니라 당신 부재 시의 어린 아들을 염려하여 새어머니를 구해놓고 떠나신 셈이었다.

어머니와 나는 그로부터 가장 불행한 운명공동체가 되어 온갖 난관을 함께 헤쳐 나와야 했다. 유복한 집안의 따스한 축복도 없이 출가하여 험난한 세상과 사투를 벌여야 했던 세 누님들을 생각하면 지금도 눈시울이 뜨거워진다.

아버지가 몸져누웠을 때는 어머니 대리 마부가 되어 새벽 마차를 몰고 저 거친 마부 사내들의 틈바구니에 끼어 30리 먼 길 대구 청과물시장으로 향했을 모습은 상상만 해도 억장이 무너져 내린다.

저녁나절마다 금호강변 긴 과수원 길을 지친 말발굽 소리에 신명 한바탕 싣고 마차를 몰고 다니셨던 마부 아버지. 그리고 나를 낳아주시자 마자 다급히 세상을 뜨신 어머니와 그동안 힘겹게 나를 길러주시고 지켜주신 어머니의 잠든 머리맡에 이 시집을 바친다!